Sleepless Nights

(500 Notti Insonni)

*not just
a poetry collection
by*

Giulia Bizzocchi

Dear reader,

Before everything starts, I want you to feel as comfortable as possible.

This book is written in two languages, English and Italian. You'll find every English version on the left pages of the book.

Enjoy the trip

Caro lettore,

Prima di iniziare, voglio assicurarmi che tu sia il più comodo possibile.

Questo libro è scritto in due lingue, inglese e italiano.
Tutte le versioni italiane si trovano nelle pagine di destra.

Buon viaggio

Acknowledgements

Good evening everyone, friends and girlfriends. I am here during the night of February 5th, 2021, and I'm listening to Dire Straits, which just makes me go crazy.
That said, I would really like to write about everything, tell you what I think about the future of humanity, and what I think our society is lacking…

… Love, people, Love. *I said it.*
And I'm not talking about that unconditional love of parents towards their children - which, however, shouldn't be taken for granted - no, I'm talking about loving our neighbour; being kind, rejoicing in the happiness of others, being free from prejudices, living and letting live and accepting others' points of view even when in contrast with ours. In any case, as usual, I am dwelling on a bit as I really enjoy talking to you.
I wouldn't do what I do otherwise. Writing is a liberating act, I would recommend it to anyone.
This is my second collection of poems, and as always, it's a journey. A journey inside of me, where you could also find some part of you, and some part of your journey.

Thank you all.
And to music
To experiences
To Dante
To loneliness
To Love

Ringraziamenti

Buonasera a tutti, amici e amiche mi trovo qui durante la notte del 5 febbraio, 2021, e ascolto i Dire Straits, che mi fanno semplicemente andare giù di testa.
Detto ciò, vorrei scrivere del tutto e del niente, dirvi cosa penso riguardo al futuro dell'umanità, e di cosa secondo me questa nostra società sia carente…

…Amore, ragazzi, Amore. *L'ho detto.*
E non parlo dell'amore incondizionato dei genitori verso i figli - che comunque anche quello, non è proprio sempre scontato - no, parlo dell'amore verso il prossimo, la gentilezza, gioire per la felicità altrui, essere esenti da pregiudizi, vivendo e lasciando vivere, accettare le opinioni altrui anche se in contrasto con le proprie. Ad ogni modo, come al solito mi dilungo, poiché mi piace molto parlare con voi. Non farei ciò che faccio, altrimenti. Scrivere è un atto liberatorio, lo consiglierei a chiunque.
Questa è la mia seconda collezione di poesie, e come sempre, è un viaggio.
Un viaggio dentro di me, dove potresti trovare anche qualche parte di te, e qualche parte del tuo, di viaggio.

Grazie a tutti voi.
E alla musica
Alle esperienze
A Dante
Alla solitudine
All'Amore

INTRO

How could I explain the salty scent of high tides
the mist of mysterious captivating woods
the silence of the grey, fiery and rough asphalt
the intoxicating breeze blowing from the ocean to the East
the shadows that radiate from the flames of a fire
The thin murmur in the din of the crowd
who plays life as if there was a rematch
letting themselves be lulled,
being deprived of their own thoughts
silent and satisfied with a miserable mediocrity
How could I explain, I was earlier saying
if not through rhetorical figures
that scan the flow of my opinions?

INTRODUZIONE

Come potrei spiegare l'odore salato delle alte maree
la foschia di misteriosi boschi accattivanti
Il silenzio del grigio asfalto, bollente e ruvido
L'inebriante brezza che soffia dall'oceano a Est
le ombre che si diramano dalle fiamme d'un fuoco
Il sottile mormorio nel frastuono della folla
che gioca la vita come se ci fosse una rivincita
lasciandosi cullare privandosi di pensieri propri
Taciturni e soddisfatti della misera mediocrità,
Come potrei spiegare, dicevo,
se non tramite figure retoriche
che scandiscono il fluire dei miei pareri?

Chapter One
THE NIGHT, THE DEMONS AND THE EROTISM

Crystal Wealth

I get naked at night
in order to wear my most fragile thoughts
I find myself a wanderer
inside a crystal wealth.
I catch dry teardrops
shed on the shoulders
of my dearest loved ones
And distracted I approach
to the pain of disappointments
Like a candle in vain I am consumed
looking for shadows in the tight dark corners
where a sadness lies
and doesn't want to be perturbed.

Capitolo Primo
LA NOTTE, I DEMONI E L'EROTISMO

Scrigno di Cristallo

La notte mi spoglio
per potermi vestire dei più fragili pensieri;
mi scopro vagabonda
Dentro uno scrigno di cristallo.
Ritrovo lacrime asciutte
versate sulle spalle dei miei più cari affetti
E disattenta mi avvicino
ai dolori dati dalle delusioni
Come una candela invano mi consumo
cercando ombre negli stretti angoli bui
dove giace una tristezza
che non vuole essere perturbata.

Nyx

I get inspired by the fearless Night
I show up early waiting on her doorstep
dressed in a purple satin and red lace gown
on my palm a tray of tropical fruits
as an offer that we'll gently consume
She opens the door on bare tiptoes
her mane coloured as oranges on a pearly skin
her demons devouring terrestrial gifts
in those rooms where darkness prevails
but She leads me into a sensual dance
oh, Night, my goddess and revered muse
without you I'd be just a handful of words
that wander abstract with no purpose.

*"**Night** or **Nyx** is one of the primordial deities of Greek mythology. According to Hesiod's Theogony, Night was the daughter of Chaos, while in the Orphic cosmogony*
she was the daughter of Phanes; in the Fabulae, Igino says she is the daughter of Chaos and Caligine. Also according to Hesiod, Night was the personification of the earthly night, and opposed to her brother Erebus, who represented the night of the infernal world. She was also opposed to her children Ether (the light) and Emera (the day).
Night was one of the oldest deities, and she dwelt in the sky; according to Homer, even Zeus was afraid of her."

- *Wikipedia*

Nyx

Colgo ispirazioni dalla Notte audace
arrivo in anticipo aspettando sulla sua soglia
avvolta in un vestito di raso porpora e pizzo rosso
sul palmo un vassoio di frutti tropicali
come offerta da consumare dolcemente
Lei apre la porta in punta dei piedi nudi
pelle di perla e color delle arance i capelli
i suoi demoni si nutrono dei doni terrestri
in quelle stanze dove l'oscurità vige
ma Lei mi guida in un sensuale ballo
oh, Notte, mia dea e venerata musa
senza di te sarei solo una manciata di parole
che vagano astratte senza chiara destinazione.

"**Notte** o **Nyx** è una delle divinità primordiali della mitologia greca.
Secondo la Teogonia di Esiodo, Notte era figlia di Caos, mentre nella cosmogonia orfica era figlia di Phanes; nelle Fabulae, Igino la dice figlia di Caos e di Caligine. Sempre secondo Esiodo, Notte era la personificazione della notte terrestre, in contrapposizione al fratello Erebo, che rappresentava la notte del mondo infernale. Era inoltre contrapposta ai suoi figli Etere (la luce) ed Emera (il giorno).
Notte era una delle divinità più antiche, e dimorava nel cielo; secondo Omero, *anche Zeus ne aveva paura.*"

- *Wikipedia*

Vodka and Caviar

The Night is a delicacy
she wasn't given to me to sleep along with
It is an exclusive concession
emanated from other worlds.
I don't want to close my eyes
just to sadly discover that the morning already arrived
I want to spend the Night consuming cigarettes
listening to the silent murmur of blazing embers
and mildly suffer every drag burning my fingers
I want to spend the night conjuring ghosts
men and women lined up
ready to be involuntarily inspected
And then I enlist imaginative troops of thoughts
that project into the future
unravelling eclectic and confusing images
leaving behind threads of hope
for me to collect and weave again
The Night allows room to every flaw.

Vodka e Caviale

La Notte è una prelibatezza
non mi è stata data per dormirci appresso
È una concessione esclusiva,
proveniente da altri mondi.
Non voglio chiudere gli occhi
per poi scoprire tristemente che è già mattina
Voglio trascorrerla consumando sigarette,
ascoltando il silenzioso mormorio della brace ardente
E soffrire lievemente
ad ogni tiro che mi brucia le dita
Voglio passare la notte evocando fantasmi
Uomini e donne in fila
pronti ad essere involontariamente ispezionati
Per poi arruolare truppe fantasiose di pensieri
che si tuffano nel futuro
Districando immagini eclettiche e confuse
Lasciandosi alle spalle fili di speranza
per me da raccogliere e intrecciare nuovamente
La Notte lascia spazio a tutti i difetti.

Nelson Bay

It's hard for me to write tonight
messy thoughts gathering tight
I am searching for a muse among my memories
an inspiration across desolate walkways
I don't feel like narrating about Love
hence, I'll talk an adventure, an event I'll spotlight
I was travelling along the Australian coast by myself
the car and I, and Freedom drenched the air
Inside the mobile I slept the night, in a sandy open space
I could hear the sweet echo from the sea full of waves:

sccchhh .... sccchhh ....

Sky as a blue mantle, I perceived the Universe
glimpsing a falling star dancing,
not a wish came up my mind
I already had everything, having little, almost nothing.

Nelson Bay, New South Wales, *is a town situated on the Australian east coast.*
I spent one night there, when I was travelling from Sydney to Brisbane. It was the first town I stopped at after leaving Sydney, and the first time I was completely travelling by myself. It has been a significant challenge for me and truly helpful for my personal growth. The night I am talking about in this poem was lonely. I went to the cinema and drank two beers, and then I found this hidden parking lot that leaded to the actual bay. I was sleeping in my car and sometimes I was scared, it was something new for me, but I did it and it really felt like freedom.
And now, after two years, I am grateful I had the chance to live that experience, because otherwise I couldn't have the chance to recount it.

Nelson Bay

Stasera mi è difficile scrivere
si affollano pensieri disordinati
cerco una musa tra i miei ricordi
un'ispirazione tra sentieri desolati
Di narrar d'Amore stanotte non mi sento
parlerò allor d'un'avventura, un avvenimento
viaggiavo solitaria lungo la costa d'Australia
io, la macchina e Libertà impregnava l'aria
La notte dormii in auto in un sabbioso spiazzo
e le onde del mare sentivo dolci echeggiare:

sccchhh.... sccchhh....

Il cielo un blu mantello, percepivo l'Universo
alla vista di una stella che cadeva danzante,
non un desiderio mi venne alla mente
Avevo già tutto, avendo poco, quasi niente.

Nelson Bay, New South Wales, è una città situata sulla costa orientale australiana.
Ho passato lì una notte, mentre ero in viaggio da Sydney a Brisbane. È stata la prima città in cui mi sono fermata dopo aver lasciato Sydney, oltre che la prima volta che viaggiavo completamente da sola. È stata una sfida significativa per me e davvero utile per la mia crescita personale. La notte di cui parlo in questa poesia è stata solitaria. Sono andata al cinema e ho bevuto due birre, poi ho trovato questo parcheggio nascosto che portava alla baia. Dormivo in macchina e a volte avevo paura, era qualcosa di nuovo per me, ma l'ho fatto e profumava di libertà.
E ora, dopo due anni, sono grata di aver avuto la possibilità di vivere quell'esperienza, perché altrimenti non avrei la possibilità di raccontarla.

Hypnagogic Illusion

It's usually at night that comes the time
in which I transform feelings into lines
It begins from the core of my heart
asking the brain to be the mediator part
And all the neurons are engaged
to finally reach the immaculate place
I hear demons kicking under the nest
like snakes they crawl inside my chest
cold hands hold me, paralyzed
Am I awake or asleep otherwise?
No windows, everything around is pitch dark
How did I set foot in this Luna Park?
It's the End, and I am not ashamed to die
That's how I woke up from a bad dream - alive.

*The **hypnagogic illusion** is a phase that can occur at the beginning of the sleep period or just before waking up. This illusion often occurs as a result of sleep paralysis, which means you have the feeling of being awake but without the ability to move.*
These illusions often present themselves as terrifying and disturbing experiences

Have you ever had a hypnagogic illusion?

Illusione Ipnagogica

È spesso di notte che giunge il momento
in cui scelgo di incanalare ogni mio sentimento
Parte da una zona profonda del cuore
alla ricerca di un cervello mediatore
E tutti i neuroni si mettono in gioco
per raggiungere infine l'immacolato loco
Sento scalciare di demoni sotto il letto
vogliono strisciarmi come serpi dentro al petto
mani fredde mi trattengono, paralizzata
Mi chiedo s'io sia sveglia o altrimenti addormentata
No finestre, tutto attorno è buio pesto
Com'è che ho messo piede in tal contesto?
È la fine, e a morir non mi vergogno
È così che mi svegliai da un brutto sogno.

*L'**illusione ipnagogica** è una fase che può presentarsi all'inizio del periodo di sonno o appena prima del risveglio. Questa illusione avviene spesso in seguito ad una paralisi del sonno, ovvero si ha la sensazione di essere svegli ma senza la capacità di muoversi.*
Queste illusioni si presentano spesso come esperienze terrificanti ed inquietanti

Hai mai sperimentato un'illusione ipnagogica?

Erotic Insomnia

Demons are coming, I call them "mine"
I spread a black tablecloth out on my bed
they like to sit cross-legged
or holding their knees against the chest
I feed them with insect corpses and red apples
I slake their thirst with the blood of my lips
that I constantly bite, kissing them one by one.
They tell me I deserve a prize
for the pain I've inflicted on people
for speaking tons of evil words
And they laugh loudly, showing off sharp teeth
I find myself in contrast with them
But we make love every single night.

Erotica Insonnia

I miei demoni stanno arrivando
ho steso una tovaglia nera sul letto
A loro piace stare seduti a gambe incrociate
o tenendosi le ginocchia contro il petto
Li nutro con cadaveri di insetti e mele rosse
li disseto col sangue delle mie labbra
che mordo, baciandoli ad uno ad uno.
Mi dicono che merito un premio
per il dolore che ho inflitto a persone
per aver pronunciato parole malvagie
E ridono rumorosi sfoggiando denti aguzzi
Mi trovo in contrasto con loro
Ma ci faccio l'amore tutte le notti.

Persephone

I knocked three times on Hades' door
Charon was waiting on his black gondola
he kissed my lips, hand and neck
vicious thoughts springing up in me
he gave my body to fasting demons
fresh meat and sweet fruits
naked on beds surrounded by flames
they tie me in cloth rags and platinum chains
fingers and knives pass through my hair
their sharp bloody teeth bite my breasts
in this scenario driven by impulses
I am the Goddess of the Underworld.

Persefone

Ho bussato tre volte alle porte dell'Ade
Caronte mi attendeva sulla gondola nera
mi baciò labbra, mani e collo
scaturendo in me viziosi pensieri
mi diede in pasto ai demoni a digiuno
di carne fresca e dolci frutti
nudi su letti circondati da fiamme
mi legano in catene d'argento e stracci di stoffa
mi passan tra capelli dita e coltelli
e con denti affilati mi mordono i seni
in questo scenario guidato dagli impeti
io son diventata la Dea degli Inferi.

Leonardo

The cunning demons have returned
carrying the ashes of a phoenix that burned
They are proud of my passionate thoughts
those that the day isn't able to stop
So pure that they turn to be impure
The day takes actions
when the night all the lingers procures
And tonight is as dark as it seems
rain rests on the roofs through the winter
I look at it from the windowsill, pouring
you are my dirtiest fantasy
that takes shape in my head.

Leonardo

Son ritornati gli astuti demoni
di una fenice mi han donato le ceneri
Dei miei focosi pensieri son fieri
quelli che al giorno mi portan piaceri
tanto puri che diventano impuri
Il giorno è per fare, la notte per pensare
e questa notte una tenebra pare
Si poggia sui tetti la pioggia invernale
e io la osservo da questa finestra
Sei la più sporca fantasia
che prende forma nella mia testa.

Void

At times I keen to drown in my soreness
Being pulled into its darkness
which serves as a canvas
to these thoughts of mine
It's half past two, night time
and I count the umpteenth cigarette
I try to write a few lines
but nothing moves
nothing comes to life
Everything is still.
Everything
but the rain.
Drumming on the skylight.
But I'm not poetic tonight.
a scenario so mere
that I'm writing in vain.

How many times does it happen to have a block, to be unable to find any source of inspiration? And I say not being able to find because many people write poetry only when "they feel inspired", but I, in addition to this, go looking for inspiration, because even if I do not feel inspired, I still feel this need to write, to express even the most complicated things, which do not come with a snap of the fingers, but require more in-depth research.
I wrote this poem in one of those moments, I was going mad because I could not find anything that could satisfy me, not an experience, not a face, not a landscape; then I simply wrote the truth, drawing inspiration from non-inspiration.

Vuoto

È che mi piace affogare nei miei tormenti
Essere risucchiata dalle buie tenebre
Che fanno da sfondo a questi miei pensieri
Sono le due e mezza di notte
E conto l'ennesima sigaretta
Cerco di scrivere qualche verso
Ma niente si muove
niente prende vita
È tutto fermo.
Tutto
tranne la pioggia.
Tamburellante sul lucernario.
Ma stasera non sono poetica
Vi risparmio lo scarno scenario.

Quante volte capita di avere un blocco, di non riuscire a trovare nessuna fonte d'ispirazione? E dico non riuscire a trovare poiché in molti la poesia la scrivono solamente quando "si sentono ispirati", ma io, oltre a questo, l'ispirazione la vado a cercare, perché anche se non mi sento ispirata sento comunque questo bisogno di scrivere, di esprimere anche le cose più complicate, che non arrivano con uno schiocco di dita, ma richiedono una ricerca più approfondita.
Questa poesia la scrissi proprio in uno di quei momenti, stavo impazzendo perché non trovavo nulla che potesse soddisfarmi, non un'esperienza, non un viso, non un paesaggio; allora scrissi semplicemente la verità, traendo ispirazione dalla non-ispirazione.

I am sad

I am sad
so sad that I can't speak anymore
I can't even look into your eyes
without feeling that silent pain
my irises just want to fill up with the sky
and the tears want to merge with the rain
and my weeping is drowned out
by the laughter of demons
and only there I feel safe
hidden among the dreams that become dark
and in front of a thousand crossroads
I lose the meaning of life
and time slips like blood on the walls
the mistakes I made
extend to my fingers and beyond
and nobody gets who I am and where I come from
and here is the only reason why I am alive
nobody understands, hence I write.

"I'm sad", unlike the previous poem, came suddenly. The mind was not elaborating, there was only the movement of my hand that vomited words through the pen. It is amazing how words are sometimes dictated exclusively by the unconscious and reading and rereading this writing, I wondered if this was, after all, a cry for help.
I am a person who tends to keep all the pain inside, a few times I have happened to externalize it, but writing this poem has helped me extremely. For this reason, I advise anyone to write, when you feel alone or misunderstood or sad or even happy and satisfied, write it down, write what you feel, I assure you that it helps.

Sono triste

Sono triste
così triste che non riesco più a parlare
e neanche più a guardarti negli occhi
senza provare quel taciturno dolore
le mie iridi vogliono solo riempirsi del cielo
e le lacrime vogliono fondersi con la pioggia
e il mio pianto è soffocato dalle risa dei demoni
e solo lì mi sento al sicuro
nascosta tra i sogni che si fanno tenebra
e di fronte a mille bivi perdo il senso della vita
e il tempo scivola come sangue sulle pareti
gli sbagli commessi si estendono
ben oltre le mie dita
e nessuno capisce chi sono e da dove provengo
ed ecco qui il sol motivo per cui vivo
nessuno capisce, e allora scrivo.

*"**Sono triste**", a differenza del poema precedente, è arrivato tutto d'un botto. La mente non elaborava nulla, stava tutto solo nel movimento della mia mano che vomitava parole attraverso la penna. È incredibile come le parole a volte vengano dettate esclusivamente dall'inconscio, e io, leggendo e rileggendo questo scritto, mi sono chiesta se questo non fosse, dopotutto, un grido di aiuto.*
Sono una persona che tende a tenere tutta la sofferenza dentro, poche volte mi è capitato di esternarla, ma scrivere questa poesia mi ha aiutata estremamente.
Per questo consiglio a chiunque di scrivere, quando vi sentite soli o incompresi o tristi o anche felici e soddisfatti, scrivetelo, scrivete ciò che sentite, vi assicuro che vi sarà d'aiuto.

Rita, Joan and I

Here she goes again, the night.
I take a sip of coffee, and maybe
there's too much honey in it.
I think about life, that of others and mine.
I wonder what is Joan doing, all alone in her bed?
90 years old yet she still looks like a little girl
cause while I'm making her sandwich
she tells me she's afraid of the dark
and that other women call her "liar",
but I believe you, Joan.
Not everyone is trained to live in darkness.
Who knows which demons are visiting you?
I've always welcomed my demons with pleasure
because they know my torments well.
And surely Rita is alone too, in the living room
but she is blind and the blackness no longer scares her.
She often falls asleep sitting in the sofa
because she cannot see a thing
therefore she keeps her ears strained towards the entrance.
I enjoy talking to Rita and Joan.
Perhaps because we are lost souls groping in the darkness.
Waiting, joyful or fearful, for the arrival of our demons.
I left this fear in my childhood
as I always checked under the bed
in search of the night monsters
and I found myself disappointed
at the only sight of dust and forgotten toys.
Poems or short stories, I no longer know the difference
since I'm not talking about Day and Night
but about the stars and the sky
which, like my poems and my stories
fill a void
unbridgeable, otherwise.

Rita, Joan ed io

Eccola, di nuovo, la notte.
Bevo un sorso di caffè, e forse ho messo troppo miele.
Penso alla vita, alla mia, a quella degli altri.
Cosa starà facendo Joan, tutta sola nel suo letto?
A 90 anni pare ancora una bambina,
perché mentre le preparo il sandwich
lei mi racconta di aver paura del buio
e mi dice che le altre donne la chiamano bugiarda
ma io ti credo, Joan.
Non tutti sono addestrati a vivere nell'oscurità.
Chissà quali demoni ti vengono a trovare?
I miei demoni li accolgo sempre con piacere
perché loro conoscono bene le mie paure.
E forse anche Rita sta sola, nel salotto
ma lei è cieca e il buio non lo teme più.
Si addormenta spesso sulla sua poltrona
perché non riesce a vedere nulla
e quindi tiene le orecchie tese verso l'ingresso.
Sto bene a parlare con Rita e Joan.
Forse perché siamo anime un po' perse
brancolanti nell'oscurità.
Aspettando con gioia o timore l'arrivo dei nostri demoni.
Il timore io l'abbandonai nell'infanzia
perché controllavo sempre sotto il letto
in cerca dei mostri notturni
e rimanevo delusa
alla vista della sola polvere e giocattoli dimenticati.
Poesie o racconti brevi, non so più la differenza
perché non sto parlando di Giorno e Notte
ma del cielo e delle stelle
che come le mie poesie e i miei racconti
riempiono un vuoto
altrimenti incolmabile.

Chapter Two
FICTION OR REALITY?

Jenny

Jenny was savouring a leftover cigarette
leaning against the red brick wall
the black back door ajar beside her
the shift at the club was recently over
her body covered by a skin-tight white top
cowboy boots and creased long jeans
In a November mist, I saw her, for the first time
where circles of smoke took shape
I felt her loneliness as if it were mine
Jenny lived in a mouldy studio
washbasin brimming with bowls
a built-in wardrobe, a round table
a bed on the ground, centre of our world
a thousand twilights, a thousand dawns
spent making love on that mattress
and she, naked, gleefully wearing a bandana
I didn't think I could love her every morning
encountering her in the smell of coffee
with the awareness that she is no longer here.
Where is she?

"Fiction or Reality?" - *This chapter contains a series of stories narrated by different people, which talk about different characters and events. The pen, however, is guided by the same hand: mine. What I like most about writing is the fact that you can be whoever you want, in these poems I am a man and a woman, sometimes I recount about real people and experiences and other times they are the fruit of my imagination. It is up to you, reader, to decide what the line between reality and fiction is, but remember as always that, quoting Professor Dumbledore: "Of course it is just happening inside your head, but what on earth does that mean it is not real?"*

Capitolo Secondo
FINZIONE O REALTA?

Jenny

Jenny gustava l'avanzo di una sigaretta
le spalle al muro di mattoni rossi
la porta sul retro socchiusa al suo fianco
il turno al club era terminato
aderente alla pelle un top bianco attillato
stivali da cowboy e jeans lunghi sgualciti
Nel novembre nebbioso, la prima volta, la vidi
Laddove cerchi di fumo prendevano forma
Sentii la sua solitudine come se fosse la mia
Jenny abitava in uno studio ammuffito
Straripante di piatti era il suo lavandino
Un armadio a muro, un tavolo tondo
Un letto per terra, nostro centro del mondo
mille notti, mille giorni
a far l'amore su quel materasso
Lei, nuda, indossava una bandana per gioco
Non pensavo di poterla amare ogni mattina
incontrandola nell'odore del caffè
con la consapevolezza che lei più non c'è.
Dov'è?

*"**Finzione o Realtà?**" - Questo capitolo racchiude una serie di storie narrate da persone diverse, che raccontano di genti ed avvenimenti diversi. La penna però è guidata dalla stessa mano: la mia. Ciò che amo della scrittura è il fatto di poter essere chi vuoi, in queste poesie io sono uomo e sono donna, a volte racconto di persone ed esperienze reali e altre volte sono frutto della mia fantasia. Sta a te, lettore, decidere qual è la linea fra realtà e finzione, ma ricorda come sempre che, citando il professor Silente: "Certo che sta succedendo dentro la tua testa, Harry. Ma perché diavolo dovrebbe voler dire che non è vero?"*

"Take Five"

It's gloomy, the piano bar, and filled with thick smoke
The quartet is pulsing Dave Brubeck's notes
Blonde ladies inhale red lipstick-dyed butts
Packing the air with Marlboro fragrance
The sticky counter serves me a glass of white
Meanwhile, a silver-furred wolf
Enjoys a whiskey at the next stool
Furrowed with wrinkles the old adventurer
He turns to me deeply, the eyes of a mentor
His lips prone to a delicate smile
Disclosed what follows, extremely wise
"Son, existence is a question mark
But you will find an answer
when the abyss appears to be pitch dark
if you consider curiosity as the main core of your life"

While you read this poem I suggest you listen to Take Five By Dave Brubeck

"...pappananapanapaneunpeunpeeeunpererempeummmparìpparìparararip parì..."

"Take Five"

Il piano bar è d'ombre e fumo denso
Note di Brubeck scandite dal quartetto
Dame bionde inalano cicche tinte di rossetto
Sprigionando nell'aria fragranza di Marlboro
Il banco viscoso mi serve un calice di bianco
Intanto un lupo dal pelo d'argento
Degusta un whisky allo sgabello di fianco
Percorso da rughe il vecchio avventuriero
Si volta a me con fare sincero
Le labbra inclini ad un sorriso tenue
Proferirono sagge la frase che segue
"Figlio mio, la vita è di punti interrogativi
Ma troverai risposta anche in fondo all'abisso
se la curiosità è ciò per cui vivi"

Mentre leggi questa poesia ti consiglio di ascoltare Take Five di Dave Brubeck

"...pappananapanapaneunpeunpeeeunpererempeummmparìppariparararip parì..."

Things you ignore

She took a sip of coffee
lit a cig made of ash
She has not slept since day three
of a May spent with no rush
Her black mascara smudged
For each tear that she sobbed
The sheets always unmade
And the sink full of milk stains
She can be as beautiful as you want
But about her torments what do you know?

Cose che ignori

Bevve un sorso di caffè
E si appicciò una sigaretta
Non dormiva dal giorno tre
Di un maggio speso senza fretta
Il trucco in viso era sbavato
Lacrime bere aveva versato
Le lenzuola sempre sfatte
Nel lavandino macchie di latte
Può essere bella quanto vuoi
Ma che ne sai dei tormenti suoi?

Imaginary Muse, Imaginary Love

She used to whirl lightly like dew
that lays in winter upon an evergreen yew
her skin as wax was shining so bright
and her lids opened with innocent guile
allowing me to explore her inside
during summer we picked blueberries barefoot
and her coloured lips I wanted to kiss
her fiery mane melted into curls
while at the river we played at erecting pebble forts
A hint of her breasts gently rounded
caught me daydreaming of uncharted worlds
a fairy tale, a muse, a green-eyed goddess
I loved you on a sheet
and confined by the edges.

Musa Immaginaria, Immaginario Amore

Lei volteggiava leggera
Come rugiada sui tassi d'inverno
La sua pelle splendeva come cera
E le sue palpebre si schiudevano
con innocente malizia
Permettendomi di scrutare all'interno
D'estate coglievamo mirtilli a piedi scalzi
E le sue labbra color delle bacche
Volevo baciare quando le avevo dinnanzi
I capelli di fuoco si scioglievano in boccoli
Mentre sul fiume innalzavamo torri di ciottoli
I suoi seni accennati soavemente rotondi
Mi coglievano a fantasticare di inesplorati mondi
Una favola, una musa, una dea dagli occhi verdi
Ti ho amata su un foglio
E confinata entro o bordi.

The Crime I Once Committed

My footsteps reverberate rapidly
The road's made of asphalt,
mud and spits of water
My hands go down the pockets - low and corrupted profile
Distressed by the crime I once committed
Red Marlboro consumed 'tween the teeth
Divesting the lungs of spotless air
My soul stained with overrun blood
Flowed from the crime I once committed
I turned haphazardly down a dead alley
Lost was the man who aimed at my temple
He was seeking revenge, cold and calamitous
"You caused me pain, you're allowed to do nothing"
Speaking of the crime I once committed
A bullet goes off, I find myself in bed
My previous life appears in my dreams
Since it's the only way - I believe and confess -
to make me participate and aware
of an unknown crime I once committed.

Il Crimine Che Un Tempo Commisi

I miei passi echeggiano celeri
La strada d'asfalto, sputi d'acqua e fango
Le mani sprofondano in tasca - profilo dismesso
Turbato dal crimine che avevo commesso
Marlboro rossa si consuma tra i denti
Privando i polmoni dell'aria pulita
L'anima sporca del sangue in eccesso
Sgorgato dal crimine che avevo commesso
Svoltai disattento per un vicolo morto
Randagio fu l'uomo che mirò alla mia tempia
Cercava vendetta, la fredda e funesta
"M'hai causato dolore, a te nulla è concesso"
Parlando del crimine che avevo commesso
Un proiettile scatta, mi ritrovo nel letto
La mia vita passata si presenta nei sogni
Poiché è l'unico modo, io credo e confesso
di farmi partecipe e consapevole
di un crimine ignoto che un tempo ho commesso.

Sophie

Where's my mind getting lost?
I see it rambling through tacit things
like that evening spent with Sophie
when I didn't ask her to stay
and I didn't confess I loved her scars
or that her neck smelled of spring
I didn't express my joy from watching her eat
and savour afterwards the corners of her lips
nor I did admit I admired her mind
that awakened insane behaviours in me
Instead, I told her she was too much
that her love would find no dwelling in my heart
My space is now empty and silent
she was the music that marked my time.

Sophie

Dove va perdendosi la mia mente?
la vedo spaziare tra le cose non dette
come quella sera spesa con Sophie
quando non le chiesi di restare
e non le confessai di amare le sue cicatrici
e che il suo collo profumava di primavera
non spiegai la mia gioia nel guardarla mangiare
per poi assaporare gli angoli delle sue labbra
nemmeno ammisi di amare la sua mente
che risvegliava in me folli comportamenti
Le dissi invece di essere di troppo
che il suo amore non avrebbe trovato dimora
Lo spazio mio è ora vuoto e silenzioso
lei era la musica che scandiva il mio tempo.

Guinevere

Guinevere moves barefoot
on the ledge of a cliff
a chenille dress slides over her skin
muting its shape through the dancing wind
her intertwined waves caressing her hips
and those of the sea bathe her thoughts
I am aware that she is not mine
she belongs to an undiscovered world
a land that mortality doesn't know
And as the morning illumines her face
she becomes a swallow and flies away
leaving me solo between questions of love.

Ginevra

Ginevra avanza a pieni nudi
sul ciglio d'uno scoglio
una veste di ciniglia le scivola sulla pelle
mutando forma col danzare del vento
le sue onde intrecciate le sfiorano i fianchi
e quelle del mare le bagnano i pensieri
la guardo sapendo che non è mia
lei appartiene ad un mondo sconosciuto
un mondo che non conosce mortalità
mentre la luce del mattino le illumina il viso
lei prende il volo divenendo rondine
lasciandomi solo tra quesiti d'amore.

Cecilia

I saw Cecilia in a bar in Japan
at the counter, she was drinking alone
tequila, lemon and salt
with the gaze of one who had travelled by sea
and her eyelids harboured a cumbersome pain
her white tank top was covered by old coffee stains
and her legs showed bruises from the life she had lived
she was cynical, beautiful, sombre
and passing beside her I exhaled her long hair
which cast almond, salt and mango scent
her lips wet with alcohol had the colour of cherry blossoms
chipped polish covered her nails
and the lines of her smile could no longer be seen
because Cecilia sang only sad songs
since the tide tore away her beloved
and then I spoke to her but I was ignored
she smoked lots of cigarettes and drank alone
looking like she was ready to die.
Ten winters and springs passed from that night
then, again, I saw her
immersed in the lights of the American city
wrapped in a floral linen dress
she had her palms read by a street bum
when a man approached and kissed her softly
she smiled at him and whispered "I love you"
so I turned away leaving behind
my ten years old immortal desire
because she was now peaceful and free
and I know that I love her and forever I will
still wondering what's the taste of her skin
Ten summers and falls then I will wait
hoping to see Cecilia once again.

Cecilia

Vidi Cecilia nel bar in Giappone
beveva solitaria al bancone
tequila sale e limone
aveva lo sguardo di chi ha viaggiato per mare
e le sue palpebre ospitavano un pesante dolore
la canotta bianca era macchiata di vecchio caffè
e le sue gambe mostravano lividi di una vita vissuta
era cinica, triste, bellissima
passandole affianco ho respirato il suoi lunghi capelli
che odoravano di salsedine, mandorle e mango
e le sue labbra umide d'alcol
prendevano il colore dei ciliegi in fiore
lo smalto sulle unghie era scheggiato
e le rughe del suo sorriso non si scorgevano più
perché Cecilia ha cantato solo canzoni tristi
da quando la marea le strappò via il suo amato
e allora le parlai ma lei mi ignorò
beveva da sola e fumava cento sigarette
e quasi pareva fosse pronta a morire.
Da quella notte passarono dieci inverni e primavere
e così ancora la vidi
immersa nelle luci della città d'America
avvolta in un vestito di lino floreale
si faceva leggere i palmi da un barbone di strada
quando un uomo si avvicinò baciandola piano
lei gli sorrise e sussurrò un "ti amo"
così mi voltai lasciandomi alle spalle
quel mio decennale desiderio immortale
perché era ora libera e in pace
e io so che l'amo e per sempre l'amerò
e ancora mi chiedo che sapore abbia la sua pelle
aspetterò dieci autunni ed estati, allora,
sperando di veder Cecilia una volta ancora.

Chapter Three
AS YOU MOVE BACK AND FORTH

No Regrets

You always appear unexpectedly
and every unspoken word emerges
as cadavers in the Charon
memories of hugs never worn
from our bodies that long apart gone
they are no longer sought, faded love
as clothes washed and rewashed
which once used to be coloured
but these words are no longer needed
and no-one is listening anymore
apart from my never-sent pages
stained with my blood
until the moment I finally understood
how stupid it was to have loved you.
I still don't regret having risked.

Here it is, the chapter dedicated to love - the lost one, the painful one - and that does not leave you alone. It doesn't leave you alone because, when it seems to have vanished from the corners of your mind, it comes back. I've been writing about him for long, even though I haven't loved him for some time now.
Now the memory of him actually makes me smile, I still remember his voice well, his eyes, but I don't remember his perfume, his kisses. Sometimes he appears in my dreams, and we make love and then we quarrel, and he goes away, again and again. A broken heart is difficult to heal and even more difficult to manage, but it is not impossible.
Here as well, writing was my main source of salvation, I wish you a good reading.

Capitolo Terzo
TU CHE FAI AVANTI E INDIETRO

Niente Rimpianti

Appari sempre inaspettatamente
e riemergono tutte le parole non dette
come cadaveri nel fiume Caronte
ricordi di abbracci mai consumati
dai nostri corpi che ormai lontani
non si cercano più, amore sbiadito
come vestiti lavati e rilavati
che un tempo solevano esser colorati
ma queste parole non servono più
non c'è nessuno ad ascoltarle
se non le mie pagine mai spedite
macchiate del sangue mio sgorgato
fino al momento in cui ho capito
quanto stupido fosse l'averti amato.
Ancor non mi pento d'aver rischiato.

Ecco, il capitolo dedicato all'amore, quello perduto, quello sofferto e che non ti lascia stare. Non ti lascia stare perché, quando sembra sia svanito dagli angoli della mente, torna. È da tanto tempo che scrivo di lui, anche se da qualche tempo non lo amo più.
Ora il suo ricordo anzi mi fa sorridere, ricordo ancora bene la sua voce, i suoi occhi, ma non ricordo il suo profumo, i suoi baci. A volte appariva nei miei sogni, e facevamo l'amore e poi litigavamo e lui se ne andava, ancora e ancora. Un cuore spezzato è difficile da guarire e ancor di più da gestire, ma non è impossibile.
Anche qui la scrittura è stata la mia principale fonte di salvezza, buona lettura.

Rematch?

I like to write about difficult love
the one I met in oversea lands
that got my soul with a single glance
advancing among those fragile paths of mine
fed by darkness, cigarettes and wine
but you as well were standing under a weak truss
and no one could save the two of us
but the woods where we made eternal love
and the sweet pain that our moments were made of
you picked flowers to place behind my ears
and old whiskey kissing your lips I could taste
but inattentive we then lost the game
sad but true, here I won't lie
I would propose to you a rematch for life.

Rivincita?

Mi piace scrivere dell'amore difficile
quello che conobbi in terre oltremare
che mi afferrò l'anima con un solo sguardo
avanzando tra quei sentieri miei fragili
nutriti da buio, sigarette ed alcol
ma le mie debolezze eran le tue
e nessuno che potesse salvare noi due
se non i boschi in cui facemmo l'amore
e i nostri momenti di dolce dolore
coglievi fiori adagiandomeli dietro l'orecchio
e le tue labbra sapevano di whiskey stravecchio
ma disattenti abbiam poi perso la partita
e qui lo ammetto, triste ma vero
ti proporrei una rivincita a vita.

Princess of Ethiopia

We hung
as constellations in the Universe,
you and I.
Sitting side by side, wondering
if we would ever find our place
but as blind souls ignoring
that we were already
occupying that space.

Andromeda

Eravamo appesi
come costellazioni nell'Universo,
tu ed io.
Seduti fianco a fianco, domandandoci
se avremmo mai trovato un posto
ma come anime cieche ignorando
che quello spazio
lo stavamo già occupando.

G Major

Our souls
lulled by the waves
compose a harmony
that goes out of key
when I desire sweetness
from your soft salty lips

Sol Maggiore

Cullate dalle onde del mare
le nostre anime
compongono un'armonia
che stona quando cerco dolcezza
nelle tue morbide labbra salate

Scream

I don't feel any guilt on me
In having known Love
when I first saw you
And then when
- among arid deserts, turbulent oceans
and jungles - I lived you.
I don't take any blame either
of having declared Love
when I felt myself shivering
while caressing your face
feeling the heat
from each breath
that covered our skin
And I don't find myself guilty
of having called it Love again
when the invading darkness
dominated every light
as I watched you walk away
above silent steps
But I too would have sentenced myself
to death
if I had been silent for ever
until the end.

Grido

Non sento addosso alcuna colpa
Nell'aver conosciuto Amore
quando ti vidi
E quando poi
- tra aridi deserti, oceani turbolenti
e umide giungle - ti vissi
Neppur mi prendo colpa alcuna
di aver dichiarato Amore
quando ebbi le vertigini
accarezzandoti il viso
percependo calore ad ogni respiro
che ci ricopriva la pelle
E non mi giudico colpevole
di averlo chiamato ancora Amore
quando l'invadente buio
sovrastava ogni luce
mentre guardavo allontanarti
sopra silenziosi passi
Ma condannata a morte
mi sarei
se per sempre avessi taciuto.

Amnesia

I'm talking about you
as if for us there won't be an end
when, I am sorry
I don't even remember
the touch of your hands

Amnesia

Parlo di te
come se per noi esistesse un domani
quando ahimè
non ricordo neanche più le tue mani

As Feathers

I had to put a full stop
After all your commas
There was no other way but crop
To light the weight upon us

Come Piume

Ho dovuto mettere un punto
Dopo tutte le tue virgole
Alleggerirci le spalle
Dal vano peso morto

Simply Sex

The acrobatics
performed in bed
or in the bathroom
in front of the mirror
Were the crux of our affair
yet our feelings made mistakes
the Queen of Hearts
wasn't easy to catch
And defeat reigned
as we fell the match.

Semplicemente Sesso

Le acrobazie
performate nel letto
O dentro il bagno
davanti allo specchio
Erano il fulcro della nostra storia
Ma i sentimenti
commettevano errori
Nessuno pescava
regine di cuori
E la sconfitta regnò
sulla vittoria.

Blank Pages

If they gave me two lines to describe you
One has already gone, like nothing, as you.

Pagine Bianche

Se mi dessero due righe per descriverti
Una è già andata, come niente, come te.

The Sculptor

Once you were standing in the space between my heartbeats
bringing sun or rain in those confused days of mine.
You caused a sorrow that leads to poetic inspirations
because when happiness reigned no ink stained my pages.
I could have written about you
of your hair that smells of spring
of your smile that saw me falling
and of your eyes that seemed to be all on me.
I could also write of the sweetness you never showed
scratching me slowly, as if I was a stone,
and so, stone I became.
and so, a bit, I changed.
But now you don't sneak in anymore
you left room for others, turning around with no bow
because ours will never be a goodbye
and you stand behind the curtain
since the theatre was left by the audience.
Forgive me, Love, for the tickets I couldn't find,
and the ones I might have set on fire,
but my interest overlooks on horizons far wider than you
and what appears in my thoughts
it's just your name, blurry like your face.
Now I live for the rain, the city, the dawn
and I can't find you anymore
you are not in the inner gardens of the houses
you are not in the shady basements
you are not in the Portobello markets
nor in the tube of Baker Street,
you no longer are.
I'm modelling myself now
and from the stone you made me become
a masterpiece I will surely sculpt.

Lo Scultore

Una volta sostavi nel tempo che sta tra i battiti del mio cuore
portando, in quei miei confusi giorni, pioggia o sole
Hai causato quella sofferenza che crea ispirazioni poetiche
chè quando felicità regnava nessun inchiostro i miei fogli macchiava.
Avrei potuto invece scrivere di te
dei tuoi capelli che sanno di primavera
del tuo sorriso che m'ha vista innamorarmi
e degli occhi che di me parevano persi.
Potrei scrivere poi
della dolcezza che non m'hai mai concesso
scalfendomi pian piano, come se fossi pietra
e così, pietra diventai.
E così, un po', cambiai.
Ma adesso non ti intrufoli più
hai lasciato spazio ad altri, voltandoti senza inchinarti
perché il nostro non sarà mai un addio
e tu stai in piedi dietro al sipario
da quando il pubblico annoiato ha lasciato il teatro.
Perdonami, Amore, se i biglietti non li ho trovati,
e se forse alcuni li ho bruciati,
ma il mio interesse si affaccia su orizzonti più vasti di te
e ciò che compare nei miei pensieri
è solo il tuo nome, sfocato come il tuo viso.
Adesso vivo per l'alba, la pioggia, la città
e non riesco più a scovarti
non sei nei giardini interni delle case
non sei nei seminterrati ombrosi
non sei nei mercatini di Portobello
o sulla metro in Baker Street.
non sei più.
Mi sto modellando da sola, adesso
e dalla pietra che m'hai fatta divenire
un capolavoro mi guarderai scolpire.

Chapter Four
INTROSPECTIVE CREATURES, WE ARE

The Apple Tree

I climb the Apple Tree
searching for the ripest fruit
Because what I want to assimilate
comes from the experience of others' souls
I don't want to get lost
looking for the sweet in the sour
lingering in the doubts of others' youthful
I don't want to deprive myself
of an aphrodisiac flavour,
I want to learn how to bloom
surrounding myself with giants
Hoping that someone
Will long to pick myself from the Apple Tree
without having to eradicate me with arrogance
Craving to taste the gentle substance
which will be derivative someday
from this desire of mine to acquire.

Capitolo Quarto
CREATURE INTROSPETTIVE, SIAMO

Il Melo

Mi arrampico sul melo
in cerca del frutto più maturo
Poiché ciò che voglio assimilare
viene dall'esperienza d'anime altrui
Non voglio perdermi
nel cercare il dolce nell'acerbo
Non desidero privarmi di un sapore afrodisiaco
Indugiando nei dubbi di giovinezza d'altri
Voglio imparare a crescere
circondandomi di giganti
Sperando che qualcuno un giorno
Voglia cogliermi dal melo
senza dovermi estirpare con prepotenza
Bramoso di assaggiare la sostanza gentile
Che sarà un giorno derivata
Da questa mia voglia di acquisire.

Life and Death

I don't think I'm the only one in this life
That ponders about ending the game
To find out what is hidden behind the veil
Of an existence spent walking with clumsy zeal
Curious to experience the essence of infinity
By absorbing the wisdom
that the Universe has conceived
To discover without surprise
that there's no Hell or Heaven
And realize too late
that I regret my smile.

I often think about death, wonder how it can be, the feeling you get. Terror, sadness, relief? And what comes next? The abyss, the light, freedom? I am of the idea that everything that must happen happens, and therefore I fear death when it passes by, but I am not afraid of dying. I fear the future more. And yes, there have been occasions when I thought I wanted to die, that I wanted to end all this suffering, this internal and external struggle to earn a place in this world of cruelty and competition. But then I think about the things done, the people I love and who support me day after day and then I wonder if I have not already earned this place. The ongoing war is the one within myself, I am here wondering what the next move is, and I write a book with the ambition of someone who doesn't have much, but has much, much to share.
So the place gained now I have to take care of it, keep it, enhance it. And when my time comes I will be ready, but now the commitment is to make the best out of this life.

Vita e Morte

Non credo di esser l'unica in questa vita
A pensare di volere terminare la partita
Per scoprire cosa vi è nascosto dietro al velo
Di un'esistenza passata a camminare con goffo zelo
Curiosa di assaporare l'essenza d'infinito
Assorbendo la sapienza che l'Universo ha concepito
Per scoprire non stupita che non c'è Inferno o Paradiso
E capire troppo tardi che rimpiango il mio sorriso.

Mi capita spesso di pensare alla morte, di chiedermi come possa essere, la sensazione che si prova. Terrore, tristezza, sollievo? E cosa viene dopo? L'abisso, la luce, la libertà? Io sono dell'idea che tutto ciò che deve accadere accade, e per questo temo la morte quando mi passa a fianco, ma non temo di morire. Temo di più il futuro. E si, ci sono state occasioni in cui ho pensato di voler morire, di voler dare fine a tutta questa sofferenza, questa lotta interna ed esterna per guadagnarsi un posto in questo mondo fatto di crudeltà e competizione. Poi però penso alle cose fatte, alle persone che amo e che mi sostengono giorno dopo giorno e allora mi chiedo se in realtà io questo posto non me lo sia già guadagnato. La guerra in atto è quella tra me e me, che son qui e mi chiedo quale sia la prossima mossa, che scrivo un libro con l'ambizione di chi non ha molto, ma ha tanto, tanto da condividere.
Così il posto guadagnato ora devo curarlo, mantenerlo, valorizzarlo.
E quando il mio momento arriverà sarò pronta, ma adesso l'impegno sta nel vivere al meglio questa vita.

Attic

As I look through the skylight
I see televisions flashing inside the windows
shining so lonely, like my other half
secular soul that is running out of tears
feeling a burden that holds her to the ground
when her only dream is to fly
or else sink into the abyss
but it is in limbo I exist
Also superficiality has a weight.

Soffitta

Mentre guardo fuori dal lucernario
vedo luci di televisori alle finestre
lampeggiare solitarie come la mia metà
anima maledetta che sta finendo le lacrime
trascinante un fardello che la tiene a terra
quando il suo sogno è quello di volare
o altrimenti affondare nell'abisso
ma è in un limbo che sto esistendo
anche la superficialità ha un peso.

To Trivial Men

I don't go looking for sex
Or for that fake impeccable man
Do me a favour: leave me alone
If you can't think of anything else
apart from the deepness of my throat
Because I hear every dull compliment
And all the flatteries spoken with confidence
But your eyes are lackadaisical
As they fancy to be unemotional
I'm willing to talk the beauty of life
Amongst adventures and miscalculations
Or the way I like to stare at the sky
And scrutinize inside the habitations
I want to talk about the time that I cried
Because betrayed by a friend
And about how much my heart rejoiced
When I set foot in the enemy camp
You either hold back your cheeky phrases
Or you leave me solo in a sea of pages.

Call it catcalling, call it harassment or inappropriate comments. Let's face it: many (not every) men don't understand much. They think that everything is due to them, and when they cannot get what they want they become tiny little worms that dig into your brain in search of your guilt. I am not the type of woman who lets herself be manipulated by these useless and indecent individuals, I am here to say what I think and what I feel, and what I feel is not fear, but pity. You see them there, looking for approval as if we were their moms, and being unable to handle a situation, they either beat you or insult you. Easy huh, being a man? Too bad that easy things are very often the most futile. Maybe it's because I'm drunk but I believe that "in vino veritas", so with all the honesty, I tell you: men, you are horrible and ridiculous, and God bless all those who instead prove the opposite!... A few days have passed since I wrote this note and now I have corrected it as I am sober, but I want to keep ink on paper that moment of fragility and genuineness that I was going through.

Agli Uomini Banali

Non vado in cerca di sesso
O di quel partner finto perfetto
Per favore lasciatemi sola
Se non riuscite a pensare ad altro
Che alla profondità della mia gola
Perché li sento i complimenti
E tutte quelle adulazioni
Ma i vostri occhi sono spenti
Come se privi di emozioni
Io voglio parlar della vita
Tra le avventure e le delusioni
Di come mi piace guardare il cielo
Ed osservar dentro le abitazioni
Voglio parlar di quando ho pianto
Perché tradita da un amico
E quanto il cuore mio ebbe gioito
Quando misi piede in campo nemico
O trattenete la sfacciataggine
O lasciatemi in pace tra un mare di pagine.

Chiamalo catcalling, molestie o commenti inappropriati. Parliamoci chiaro: molti (non tutti) uomini non capiscono nulla. Pensano che tutto gli sia dovuto, e quando non riescono ad ottenere ciò che vogliono si riducono a piccolissimi vermi che scavano nel tuo cervello in cerca dei tuoi sensi di colpa. Io non sono il tipo di donna che si fa manipolare da questi inutili e indecenti individui, io sono qui per dire ciò che penso e ciò che provo, e ciò che provo non è paura, ma molto spesso commiserazione. Li vedi lì, alla ricerca di approvazione come se fossimo le loro mamme, ed essendo incapaci di gestire una situazione, beh, o ti picchiano o ti insultano. Facile eh, essere uomini? Peccato che le cose facili siano spesso anche le più futili. Sarà che sono ubriaca ma credo che "in vino veritas", per cui, in tutta onestà vi dico: uomini, siete orribili e ridicoli e Dio benedica tutti quelli che invece provano il contrario!... È passato qualche giorno da quando ho scritto questa nota e ora da sobria l'ho corretta leggermente ma voglio mantenere nero su bianco quel momento di fragilità e genuinità che stavo passando.

12/2018

And then suddenly,
I find myself thinking back,
to those summers, so sweet and fragrant of my past
Already lived, already gone, Youth.
At this thought followed my steps,
stretched out towards a decadent future
a hissing Revolution of Robotic Individuals
a helpless humanity thrown against the gray cold wall of society.
the young me, still a child of the flying time
weeps, screams, desperate
and is brutally forced to go on, creeping,
within a life not worthy to be lived.
BUT NO!
The time to cry is not the present
The time to arise is imminent
I stand up, no longer a slave, I fly, I exist.
Freedom is my goddess.

I talk about technology and my aversion to it in this poem because I have experienced the change brought about by its rapid evolution. In my childhood I used to go playing on the street and I didn't know what a telephone or the internet was. Now, however, if you don't know what a phone is, you are probably blacklisted by the artificial intelligences that listen to you from these electronic devices. And I'm not saying that all technology is evil, but the wrong use of it is. For example, when you go out for dinner and see couples dumbfounded looking at their screens instead of looking into each other's eyes and talking or holding hands. It is, in this case, and in many others, a plague (my opinion). In addition, December 2018 (title) was a metamorphic month for me, as I resigned from a job I had been doing for three years, to walk a completely different path: the road of travel and discovery. I have always dreamed of travelling, and at the age of twenty-four I was resigned to the fact that I would never have the courage and the opportunity to do so. Instead, eventually, I said enough to the routine, I met a nonconformist person like me, and we said to ourselves "let's go, let's go to Australia". Hence we did. I resigned in December, and in January we were already on the plane bound for Perth. January 26, 2019 was the day I changed my life for the better.

12/2018

E dunque improvvisamente,
a ripensare, mi ritrovai
a sì dolci e sì profumate estati di una ormai
Già vissuta, Già passata, Gioventù.
A codesto pensiero seguì il mio passo, proteso
verso un decadente avvenire
una sibilante Rivoluzione di Robotici Individui
un'inerme umanità scagliata contro il freddo Muro della società.
Il giovane me, ancor fanciullo d'un tempo
piange, urla, disperato
e brutalmente obbligato a protrarsi, strisciante,
all'interno di una vita non vita.
MA NO!
Il momento di piangere non è il presente
Il momento di alzarsi è imminente
Mi alzo, non più schiavo, Volo, Vivo.
Libertà è la mia dea.

Parlo della mia avversione verso la tecnologia perché ho vissuto il cambiamento portato dalla sua veloce evoluzione. Nell'infanzia andavo in strada a giocare, mi sporcavo, mi sbucciavo e non sapevo cosa fosse un telefono, tanto meno internet. Adesso se non sai cosa sia un telefono probabilmente vieni inserito nella lista nera dalle intelligenze artificiali che ti ascoltano da questi apparecchi elettronici. E non dico che tutta la tecnologia sia maligna, ma l'uso sbagliato di essa si, l'uso ininterrotto e inutile. Quando vai fuori a cena certe coppie stanno imbambolate a guardare i propri schermi invece di guardarsi negli occhi e parlare o prendersi le mani. È, in questo caso, e in tanti altri, una piaga (mia opinione personale). In aggiunta, il dicembre del 2018 (titolo) fu un mese metamorfico per me, in quanto mi dimisi da un lavoro che facevo da tre anni, per intraprendere una strada completamente diversa: la strada del viaggio e della scoperta. Ho sempre sognato di viaggiare e all'età di ventiquattro anni mi ero rassegnata al fatto che non avrei mai avuto il coraggio e l'opportunità di farlo. E invece, alla fine, ho detto basta alla routine, ho incontrato una persona anticonformista come me e ci siamo detti "andiamo, andiamo in Australia". E così fu. Diedi le dimissioni a dicembre, e a gennaio eravamo già sull'aereo diretti a Perth. Il 26 gennaio 2019 è stato il giorno in cui ho cambiato la mia vita, in meglio.

I am lost

I can't see passion
romanticism
I share with Cynicism
my cell in prison

To this poem others have been added, as many as they have preceded, regarding cynicism, in particular mine. I have never been a cynical person, and by asking some friends I've had confirmation, or at least, I have never been regarding love. But to be honest I have been waiting for this phase of my life almost longing for it, and so, when my heart had been broken, it finally arrived. I have always blindly believed in love, in romance and in all those things - let us call them "beautiful" - that are part of a love relationship. Maybe I am falling into the banal, but it does not matter. Succeeding a great disappointment, I began to see love as an impossible, surreal thing, and my life had lost some of its meaning. I found myself despising or belittling any act of romance, treating relationships as if they no longer had a weight, for fear of stumbling again if I weighed them too much, and at the first sign of danger I always drifted away. But it was also at that moment that I realized I would no longer be satisfied with frivolities, and therefore to think a little more about what was important for me and for my personal growth. Sometimes I still find myself in this spiral of cynicism and mistrust, and I want to disconnect from the outside world in order to focus on my time and my projects - mine only. I will never stop being grateful to the man who froze my heart, because otherwise, probably, I would not be here writing this book and I would not even have written the previous one.
And after all, I found the sense that had been lost, even stronger than before.

Sono perduta

Non vedo passione
Romanticismo
condivido col Cinismo
la mia cella in prigione

A questa poesia se ne sono aggiunte altre, tante quante ne son precedute, riguardo al cinismo, in particolare il mio. Non sono mai stata una persona cinica, e chiedendo a qualche amico ne ho avuto la conferma, o almeno, non lo sono mai stata riguardo all'amore. Ma se devo essere sincera ho aspettato questa fase della mia vita quasi desiderandola, e così quando mi venne spezzato il cuore è finalmente arrivata. Ho sempre creduto ciecamente nell'amore, nel romanticismo e a tutte quelle cose - definiamole "belle" - che fanno parte di una relazione amorosa. Forse sto cadendo nel banale, ma fa lo stesso. Dopo una grande delusione ho iniziato a vedere l'amore come una cosa impossibile, surreale, e così la mia vita ha perso un po' del suo senso. Mi sono ritrovata a disprezzare o sminuire qualsiasi atto di romanticismo, a trattare le relazioni come se non avessero più un peso per paura di inciampare ancora nel caso gliene avessi dato troppo, e al primo segnale di pericolo mi sono sempre allontanata. Ma è stato anche in quel momento che ho capito che non mi sarei più accontentata delle frivolezze, e quindi a pensare un po' di più a ciò che fosse davvero importante per me e per la mia crescita personale. A volte mi ritrovo ancora in questa spirale di cinismo e sfiducia, e allora mi vien voglia di staccare la spina dal mondo esterno per potermi concentrare sul mio tempo e sui miei progetti, miei soltanto. Non smetterò mai di essere grata all'uomo che mi ha congelato il cuore, perché altrimenti, probabilmente, non sarei qui a scrivere questo libro e non avrei nemmeno scritto quello precedente. E dopotutto, il senso che era andato perso l'ho ritrovato, ancora più forte di prima.

Chapter Five
THE LOVE, THE MORNING, THE FAMILY AND THE CITY

7 AM

On the road, and the city rises
dyed by the first sun, with the dawn.
Windows reflect pastel lights
and I've almost finished my coffee
- already - in order to see my image
at the bottom of the cup
where the lost souls lay and some are found.
This is my call, where time runs faster
and the blackness I saw
gave some space to the brightness.
A woman walks beside me
her perfume sprinkles my mind of floral fragrances
and I think back to my home garden, that is now far away
from the body, from the mind.
Yet I still hear my mother's voice, her tears and her laughter.
On the road, again
with cigarette butts inside my pockets
and shoes for ten years consumed,
so I asked you what was freedom,
because I did not trust my father's theories;
maybe I don't even believe in yours.
But this dawn, here, she seems free to me
and she might be the one I will follow
to be able to rise every morning
and enlighten the dark
as my image reflects on the glasses
with the awareness to be - incessantly -
on the road.

Capitolo Quinto
L'AMORE, LA MATTINA, LA FAMIGLIA E LA CITTÀ

7 del mattino

In viaggio. e la città sorge
colorata dall'alba, col primo sole.
I vetri riflettono luci di pastelli
e il caffè l'ho quasi finito
- di già - per poter vedere la mia immagine sul fondo
dove stanno le anime un po' perdute
e un po' quelle ritrovate.
Questa è la mia fermata, dove il tempo scorre più veloce
e il buio che vedevo ha dato un po' di spazio alla luce.
Una donna mi passa di fianco
il suo profumo m'inonda la mente di fragranze floreali.
E ripenso al giardino di casa, quella ormai lontana
dalla mente, dal corpo.
Ma sento ancora la voce di mia madre
la sua risata e il suo pianto.
In viaggio, ancora
con le cicche di sigarette nelle tasche
e scarpe vecchie dieci anni ormai,
e così ti ho chiesto cosa fosse la libertà,
perché non credevo alle teorie di mio padre;
forse non credo nemmeno alle tue.
Ma quest'alba qui, lei mi è sembrata libera
e forse è lei che seguirò
per poter sorgere ogni mattina
e colorare di nuovo il buio
e riflettere la mia immagine sui vetri
con questa consapevolezza di essere - costantemente -
in viaggio.

Roberto

Him and I were a whirlwind of feelings
as we both flaunted venomous stingers
We met in the evening to sing in the studio
to find ourselves arguing
and our cheeks turning bordeaux
The white flag was defined by a hug
soaked in tears, that effortlessly run
The night moved fast like splinters of light
he created poems that portrayed my voice
We were facing alone the hatred of the world
But enough was to know of each other's love
Undercover we promised a forever vow
But my greed hit us in the breastbone
I was too selfish to understand the ache
of a man whose heart
had been torn along with his faith.

Roberto ... Roberto was one of those crazy and extremely passionate loves, a short but intense one. And I say short, but the first time I met Robbi I was fourteen and he was sixteen. We would go out and kiss on the benches, and he left me after two weeks. We dated again when we were more or less twenty, and this time we were in the car kissing, just kisses and nothing more, and we talked, a lot. And finally, during my twenty-four years, we met again and this time we made love in a stormy sea in Tuscany - then we ended up in the car.
And many other nights we did it in a decadent music studio on top of somewhat filthy mattresses. We spent the nights singing, listening to music, playing, and he talked a lot and I listened to him with interest. Then we went to the coast and slept in the car. The routine scared us, we weren't tameable animals, so we left, went to Australia. We sang in the street and lived in tents, ran naked at night on the beach and made bonfires and cooked eggs. We loved each other so much. But one day I took this love away from him and it all fell apart, we weren't anymore. There were only handfuls of hatred that we threw at each other. A year later we apologized, and now I have only the sweetest and most adventurous memories of him.

Roberto

Io e lui eravamo un turbinio di emozioni
poiché entrambi sfoggiavamo velenosi pungiglioni
Ci incontravamo la sera nello studio a cantare
per poi, con foga, trovarsi spesso a litigare
Ma il finale era sempre un solido abbraccio
imbevuto di lacrime scorse senza impaccio
Le notti correvano veloci come schegge di luce
lui creava poesie che ritraevan la mia voce
Eravamo soli contro l'odio del mondo
ma ci bastava il sapere di conoscerci a fondo
Ci eravamo promessi l'amore in eterno
ma la mia ingordigia ci colpì nello sterno
Ero troppo egoista per capire il dolore
di un uomo fedele a cui vien strappato il cuore.

Roberto... Roberto è stato un amore di quelli un po' folli ed estremamente passionali, di quelli brevi ma intensi. E dico brevi, ma la prima volta che Robbi mi si presentò davanti io avevo quattordici anni e lui sedici. Uscivamo e ci baciavamo sulle panchine, e lui mi piantò dopo due settimane. Uscimmo di nuovo durante i più o meno vent'anni, e stavolta stavamo in macchina a baciarci, solo baci e niente più, e poi parlavamo, tanto. E infine durante i miei ventiquattro, ci incontrammo di nuovo e stavolta facemmo l'amore dentro ad un mare in tempesta, in Toscana – finimmo poi in macchina. E tante altre notti lo facemmo in uno studio musicale decadente sopra a materassi un po' luridi. Passavamo le notti a cantare, ascoltare musica, suonare, e lui parlava tanto e io lo ascoltavo con interesse. Poi andavamo sulla costa e dormivamo in macchina. La routine ci spaventava, non eravamo animali addomesticabili, così partimmo, andammo in Australia. Cantammo in strada e vivemmo in tenda, correvamo nudi di notte in spiaggia e facevamo i falò e cucinavamo le uova. Ci amavamo, tanto. Ma un giorno io gli ho tolto questo amore ed è andato tutto a rotoli, noi non eravamo più. Erano rimaste solo manciate d'odio che ci tiravamo addosso. Un anno dopo ci siamo chiesti scusa, e adesso di lui ho solo i più dolci e avventurosi ricordi.

Uncountable

About the men I once had
I remember beds soaked with passion
the smiles that wrinkled naive faces
Hands sifting through unexplored places.
About the men I once loved
-beyond that mentioned above -
I remember inebriating and playful looks
the complicity of close-knit souls
And I relive the immortality of a feeling.

Innumerevoli

Degli uomini che ho un tempo avuto
Ricordo i letti impregnati di passione
I sorrisi che increspavano volti ingenui
Le mani setaccianti luoghi inesplorati
Degli uomini che ho un tempo amato
Oltre a ciò sopracitato
Ricordo inebrianti sguardi ludici
La complicità di anime affiatate
E rivivo l'immortalità di un sentimento.

Thun

There was nothing about him that intrigued me
Yet he was a beautiful ornament
One of those you never dust

Thun

Non c'era nulla di lui che mi incuriosisse
Eppure era un bel soprammobile
Uno di quelli che non spolveri mai

Pending Business

It's forenoon again
my eyes feel heavy at their very first widening
maybe because I still don't see you
and my shoulders hoist the weight of the night, short term nights
but then I see her, she is sat in front of me
as if we have known each other for a lifetime
but she is not even aware, either
of her presence in my lines, my verses. Our eyes met, introverted
mine, deep browns, in hers, vast blue ones - expanses of sky -
but she is so lost in her screen and me, here, dedicating her words
but then, the kids who smell of Mary and youth
they leave me wordless with their cheeky fever
unaware of death, now more than ever.
This morning London is alive
and as always, *she* is sincere
brick blocks and hearths parade
along with graffiti and ancient cathedrals.
I think of you and I slowly smile
I always say that hoping is useless, cynical Giulia
but now I hope the words - mine, yours - will run endlessly
that they rest one on top of the other as layers of time
London is sincere
I see it in the smiles of children going to school
and today the sun shines, and sitting here feels good
maybe here I'll stop, to walk more tomorrow
How much should I pay to get closer to a dream?
Rather we trade our arts, our sentences, our bodies
but my dream is further away, more alive than it's ever been
I stumble between ink and paper to find a closure
but perhaps it will remain a pending business
like when I lost my wallet and did nothing to find it.
I think of you.

Faccenda In Sospeso

È sempre mattina
gli occhi son pesanti al primo aprirsi
forse perché ancora non ti vedo davanti a me
e sento il peso della notte sulle spalle, notti a breve termine
però poi c'è lei, mi si è seduta di fronte
quasi come se ci conoscessimo da una vita
ma lei non sa nemmeno, neanche
della sua presenza in queste mie righe, miei versi
i nostri occhi s'incrociano, introversi
i miei castani profondi nei suoi vasti azzurri - distese di cielo -
ma lei è così persa nel suo schermo, ed io, qui, a dedicarle parole
poi però i ragazzetti che odorano di maria e gioventù
mi colgono di sorpresa, con la loro sfacciata frenesia
inconsapevoli più che mai della morte.
Stamattina Londra è viva e, come sempre, è sincera
blocchi di mattoni e focolari sfilano
in presenza di graffiti e cattedrali.
Ti penso e sorrido piano
dico sempre che sperare non serve a nulla, cinica Giulia
ma adesso spero che le parole
quelle mie, quelle tue, non abbiano fine
che si poggino una sopra l'altra come gli strati del tempo
Londra è sincera
lo vedo dai sorrisi dei bambini che vanno a scuola
e poi oggi c'è il sole e si sta bene qui seduti
forse mi fermerò qui per poter camminare più a lungo domani
qual è il prezzo da pagare per avvicinarsi al sogno?
piuttosto barattiamo le nostre arti, le nostre sentenze, i nostri corpi
ma il mio sogno è ben più lontano, più vivo che mai
inciampo tra l'inchiostro e la carta per trovare una chiusura
ma forse rimarrà una faccenda in sospeso
come quando persi il portafoglio e feci nulla per ritrovarlo.
Ti penso.

Oracles

Fog flooding skyscrapers
at the first morning light
Time is empty and immobile
Just the sound of creaking rails
run along with my fantasies
fantasies of devils and saints
who make love with the oracles
Projecting future visions
Forecasts of fictitious adventures.
I stand in the dark
at the revealing of the sun
and I wait for the stars to show
just to see you once more
To steal each other's words
there, where the time flows
And in a blink of an eye
we spend together the entire night.

Oracoli

Nebbia inonda i grattacieli
Alle prime luci del mattino
Il tempo vuoto e immobile
Solo rumore di rotaie cigolanti
accompagnano le mie fantasie
fantasie di demoni e santi
che fan l'amore con gli oracoli
Proiettando visioni future
Previsioni di fittizie avventure
Io sto al buio al rivelarsi del sole
E aspetto allor che venga notte
Per vederti una volta ancora
Per sottrarci a vicenda le parole
Là dove il tempo invece scorre
E in un pugno di minuti
Passan con te le svariate ore.

I Wish I Could

I walked through the dark city alleys
searching for you
hearing my footsteps thunder
among the street puddles
And then I respired the mountain wind
searching for a clue of your scent
where edelweiss born, on the peak.
I listened faithfully to the melody of rivers and streams
in order to catch the notes of your name
which, however, seemed to play hide and seek
among the rustling leaves
and their incessant falling.
Because I wish to show you the doors of my house
and the pebble path leading to the garden
and the ivy that climbs the stone walls
And I want to slide my fingers over your body
to perceive its dents and features.
My room is untidy
I have shoes for each occasion, scattered on the ground
but some I have lost in empty spaces
and many others I have neglected,
because he told me that love is just a game
and in listening to his words
I made a fatal mistake.
My dreams remain the same
and when I will finally see you pass
my hands will be occupied
by the quill and a glass of wine
because I looked Love in the eyes
while I was drowning in the tides
and nothing else lasted
apart from this staying afloat
and only being able to recount my sour fable.

Vorrei Poter

Ho percorso i vicoli bui delle città
cercandoti
sentendo i miei passi rimbombare
tra le pozzanghere di strada
E ho respirato il vento di montagna
cercando indizi del tuo profumo
sulle vette, là, dove nascono le stelle alpine.
Ho ascoltato attentamente la melodia dei fiumi e dei ruscelli
per poter cogliere le note del tuo nome
che pareva però nascondersi, giocando
tra il fruscìo delle foglie
e il loro incessante cadere.
Perché vorrei mostrarti le porte di casa mia
e il vialetto di sassi che porta al giardino
e l'edera che arrampica i muri di pietra
E desidero scivolare le dita sul tuo corpo
per conoscerne le ammaccature e i lineamenti.
La mia camera non conosce ordine
ho scarpe sparse a terra per ogni occasione
ma alcune le ho perdute in stanze vuote
e tante altre le ho trascurate,
perché lui mi disse che l'amore è solo un gioco
ed io ho fatto l'errore fatale
di starlo ad ascoltare.
I miei sogni rimangono gli stessi
e quando ti vedrò finalmente passare
le mie mani saranno occupate dalla penna
ed un bicchiere di vino
perché ho guardato Amore negli occhi
mentre annegavo nell'oceano
e niente altro mi è rimasto
se non questo mio galleggiare
per poterlo, solamente, raccontare.

88 1/2

Three cycles of Moon had to pass
before I could meet again this new-born muse
that has forcibly replaced the night
banning *her* from my wounded words
so I write about you, insolent morning
as you astound me every time you drape the buildings
with the beams of your beginning
and you show me new stations
new arrivals, and faces to me precarious
you grant me a first silent journey on rails
before throwing myself to a life on the race
as soon as I step in the dirty subway.
He stands leaning against the wall
his eyes run through a book I've never read
Anna Karenina - I'm standing too.
A rebellious curiosity is filling my gaze
and my mind unleashes revolutions and duels
those bellicose fights between madness and rules
Morning, you're made of wind
wind that spreads through London suburbs
so violent at times
as if *he* wanted to command the flow of the crowd
intemperate wind.
I walk without knowing where life is leading
while this rain that welcomes the spring
wets the features of my face and the tips of my hair.
But I left the umbrella at home
and maybe that's just how it was supposed to end
you are a bit like this rain, I think then
sudden, delicate and vehement
and I am the one who,
here again, has left the umbrella back.

88 1/2

Tre cicli di luna son dovuti passare
prima che io potessi rincontrare questa neonata musa
che ha preso di forza il posto della notte
privandola delle mie tormentate parole
così scrivo di te, mattina insolente
che mi sorprendi ogni volta che vesti le abitazioni
con le luci dei tuoi primi albori
e mi mostri le novelle stazioni
nuovi arrivi e volti a me precari
mi concedi un primo silenzioso viaggio su rotaie
gettandomi poi in pasto ad una vita in gara
non appena metto piede sulla metropolitana.
Lui sta in piedi appoggiato alla parete
i suoi occhi scorrono su un libro che non ho mai letto,
Anna Karenina - anche io sto in piedi.
Una curiosità ribelle mi riempie lo sguardo
e la mia mente scatena rivolte e duelli
lotte bellicose tra follia e ragione.
Mattina, sei fatta di vento
vento che si dirama tra i sobborghi londinesi
alle volte così violento
come se volesse comandare lo spostarsi della folla sui marciapiedi
vento dirompente
io cammino senza sapere dove la vita mi stia portando
mentre questa pioggia che dà il benvenuto alla primavera
mi bagna del viso i lineamenti
e le punte dei capelli
ma l'ombrello l'ho lasciato a casa
e forse è proprio così che doveva finire
tu sei un po' come questa pioggia, penso
improvviso, delicato e veemente
e io sono quella a cui, anche qui,
l'ombrello è sfuggito di mente.

Point of No Return

Humid and merciless, the city
the road holds its breath, sultry and silent
dead ends lull heedless gamblers
manholes manifest multiform mist
as ghosts, arising from the ground.
My body drags itself, dreary burden
escorted by whizzing neon lights.
Burning leaves cloud my wits
Autumn detains distasteful traces
a secretive sorrow
salient, sodden solitude
She's gone, almost slipping away
And I can't forgive her, I can't
Where is the divergence
between absence
and death?

Punto di Non Ritorno

Umida e senza pietà, la città
la strada trattiene il respiro, afosa e silente
vicoli ciechi cullano giocatori d'azzardo ribelli
acre vapore sale multiforme dai tombini
come fantasmi che emergono da terra.
Il mio corpo si trascina, cupo fardello
accompagnato da neon ronzeggianti
foglie di fuoco m'offuscano il senno
L'autunno è un ricordo sgradevole
una sofferenza di poche parole
una solitudine pregna, palpabile
Lei se n'è andata, quasi scivolando via
ed io non riesco a perdonarla, non riesco
dove sta la divergenza
tra la morte
e l'assenza?

Leave Me Alone

I told you all of this
wouldn't have been enough for me
that I travel with the wind
and I suddenly change direction
I told you: "don't take it personally"
cause mine are *just* words
and you inspired me no differently
from the city, the people, the dawn.
I told you my dreams ain't yours
and my future has no room for us
but you weren't capable to understand
and you just turned up the volume
singing words that don't belong to my song
because I like to change the rhymes
in order shape every possible end.
We are running on different rails
and as I said, they travel parallel
and I am writing it down, for you to realize
that between us I see no compromise.

Lasciami Stare

Ti avevo detto che questo tutto
non sarebbe stato abbastanza, per me
che io viaggio insieme al vento
e cambio direzione improvvisamente
ti ho detto: "non prenderla personalmente"
che le mie sono *solo* poesie
e tu sei un'ispirazione non differente
dall'alba, la città, la gente.
ti dissi che i miei sogni non sono i tuoi
e il mio futuro non ha spazio per noi
ma tu non hai saputo capire
ed hai semplicemente alzato il volume
pronunciando parole che non fan parte della mia canzone
poiché a me piace cambiare le rime
così da poter modellare ogni possibil fine.
Stiamo scorrendo su rotaie diverse
e come già dissi, viaggiano parallele
e te lo scrivo così, perché tu ti renda conto
che tra noi non vedo punto d'incontro.

Perhaps

It seems I have already lived this house
as the cold breeze hits my face in the morning
reminding me of winter school days
and the blackberries I pick from the garden
bring me back to my grandparents' lawn
and I have already crossed this station
in dreams where I bought invalidated tickets
there, where gravity can't be perceived
and trains flee to unknown destinations
that take shape only with the inconstant,
unconscious, progression of time.
The morning brings along the ritual of *listening*
where silence needs to be heard - gently, patiently
before life drowns you in the capital's traffic
before the first words of the day are pronounced
afterwards, everything is fast and chaos driven
hence I find myself yearning for a peaceful corner.
You caught me by surprise
the peaceful corner is now made by two minds
which melt into one as they intertwine
same thing shall I tell of our souls
perhaps even about these two beating hearts
I am well known to be a fan of the word "perhaps".
Today wasn't easy to avoid love songs
I am moved by the colours when I look at the top of the lined up houses
that blend into the pink of a falling fire
when the sun falls, we are reborn, once again
and I find myself thinking less about my yesterday
and a bit more of the looming tomorrow
and questions invade my thoughts:
who are you? And what am I?
and where do those dream train tickets lead?
I kick newspaper sheets and listen to their sound
and I conclude that I am me, you are you
and this aimless train is ours.

Forse

Questa casa mi pare di averla già vissuta
ché la mattina presto m'inonda il viso un'aria gelata
ricordandomi i giorni in cui andavo a scuola d'inverno
e queste more che colgo dal giardino
mi riportano nell'orto dei miei nonni
e questa stazione l'ho già attraversata
nei sogni in cui acquistavo biglietti mai validati
laddove gravità non è percepita
e i treni fuggon verso sconosciute mete
che prendono forma solo con l'avanzare,
incostante, inconscio, del tempo.
La mattina porta con sé il rito dell'ascolto
dove il silenzio necessita d'essere udito - dolcemente, pazientemente
prima che la vita t'immerga nel traffico della capitale
prima che le parole del giorno vengano dette
dopodiché tutto è veloce e guidato dal caos
cosicché mi ritrovo a bramare quell'angolo di pace.
Tu mi hai colto un po' di sorpresa
l'angolo bramato è or composto da due menti
che sembrano intrecciarsi formandone una soltanto
e lo stesso vale per queste due anime
e *forse* anche per questi due cuori
perché sai quanto mi piace la parola "forse".
Oggi non fu facile non ascoltare canzoni d'amore
al tramonto mi commuovo indugiando sulle cime delle villette schierate
che si fondono nel rosa di un sole che cade
quando il sole cade, noi rinasciamo una volta ancora
e mi scopro a pensare di meno al mio ieri
e un po' di più all'imminente domani, e domande m'invadono i pensieri
chi sei tu? E cosa sono io?
e dove portano quei biglietti per onirici treni?
così scalcio fogli di giornale e ne ascolto il suono
e capisco che io son io, tu sei tu
e questo treno senza meta è il nostro.

London Victoria

They told me "go on
tell us about love"
As my pages got dark
for too many nights in a row
A tramp at the station
sang that no one loved him
So I sang back to him "take
a cigarette, to taste better
that cannabis beer"
Canned beer.
In the evening I told you about it
And maybe I'll tell it
to my mother too, while she watches TV
So I will know
that she's not listening to me
my love, where will we go?
Because what the bum sang
I felt it inside for a long time
Nobody loved me
But now, now
Now I know nothing no more
Now it's just madness.

Stazione di London Victoria

Mi han detto "coraggio
parlaci d'amore"
Che le mie pagine si facevano buie
per troppe notti di fila
Un barbone in stazione
cantava che nessuno l'amava
Allora gli ho cantato a mia volta
"prendi
una sigaretta, per gustare meglio
quella birra alla cannabis"
In lattina.
E allora la sera te l'ho raccontato
E forse lo racconterò anche
a mia madre, mentre guarda la tv
così saprò che non mi sta ascoltando
Dove andremo amore mio?
Perché quello che l'uomo cantava
l'ho sentito in me a lungo
Nessuno m'amava
Ma adesso, adesso
Adesso non so più nulla
Adesso è follia.

The Beginning

I saw you
as the cherry trees blossomed
Lying down, aiming at the sky
in the Garden of Lost Love
you waited
Surrounded by crimson tulips
turquoise stones in your fingers
framed your eyes
your basalt irises
I saw you
I was standing
beneath an ivy porch
in the Garden of Found Love.

L'inizio

Ti vidi
al germogliare dei ciliegi
Sdraiata, miravi al cielo
nel Giardino dell'Amore Perduto
aspettavi
Circondata da tulipani cremisi
alle dita pietre turchesi
incorniciavano i tuoi occhi
tue iridi basaltiche
Ti vidi
stavo lì
sotto un portico d'edera
nel Giardino dell'Amore Trovato.

Chapter Five (Extra)
HINTS OF ITALY

Est Immortalem

Poetry lives on
among the cobbled alleys of Italian villages
the windowsills boasting blooming primroses
aged stone walls which hold folk tales
Poetry lives on
in the street lights that bow to the boulevards
the ones that lead you to the sea at night
to make you savour the chanting waves
until your eyes don't touch the dawn
Poetry lives on
in the gaze of a mother who sees her son crumble
and her fearless faith in watching him reassemble
and rise, spread the wings, fly free
Poetry lives on
in this bed consumed by my dreams
in this darkness where the Moon shines
in these lines, Poetry lives.

Capitolo Quinto (Extra)
ACCENNI D'ITALIA

Est Immortalem

La poesia rivive
Tra i vicoli d'acciottolato dei borghi d'Italia
I davanzali che sfoggiano primule in fiore
Le pareti in pietra che racchiudono racconti
La poesia rivive
Nei lampioni che s'inchinano alle strade
Quelle che la notte ti portano al mare
Per farti assaporare il coro delle onde
Finché i tuoi occhi non sfiorano l'alba
La poesia rivive
Nello sguardo di una madre che vede il figlio cadere
E nell'impavida speranza di guardarlo rialzarsi
Ed elevarsi, spalancare le ali, volare
La poesia rivive
In questo letto dai miei sogni logorato
In questo buio in cui la Luna risplende
In queste righe, la poesia rivive.

Elba Island

I left my footprints walking on the shore
Smelling in the air the aroma of olive oil
Saltiness healed my wrinkled imperfections
Waves from the sea were singing in each direction
Bouquet of pine forests that belong to the coast
Like seasonal lovers that don't seek a response
Small towns, ferny landscapes and exquisite food
I will always love Tuscany,
until death
from my childhood.

Isola d'Elba

Camminavo lasciando impronte sulla riva
E nell'aria sentivo un effluvio all'olio d'oliva
La salsedine curava le mie rughe e imperfezioni
Dal mare i cavalloni incalzavano canzoni
Fragranza di pini che vivon sulla costa
Come amori stagionali che non cercano risposta
Che paesi, che paesaggi e che gastronomia
Amerò sempre la Toscana,
sino alla morte
e all'infanzia mia.

OUTRO

I'm not afraid to express myself in cascades of words
I do not stop on the threshold of others' prejudices
I am not prone to useless flatteries
I live my art
as the purest thing I have
There'll be no purity without dirt
as there's no Heaven without Hell.

And here we are at the conclusion of another journey, dear reader. We are together at the end, you have finished reading and I have finished writing, two different paths to reach the same goal. From time to time I daydream, hoping that this book will conquer minds and hearts, and knowing that you have read it feeds this hope of mine. Poetry is not dead, it is more alive than ever within each of us, you just need to know how to grasp the words. Thanks to you then, for having read mine and maybe for having found inspiration to compose yours.
See you soon,

Giulia

OUTRO

Non temo di esprimermi in cascate di parole
non mi fermo sulle soglie dei pregiudizi altrui
non sono incline ad inutili adulazioni
io vivo la mia arte
come la cosa più pura che ho
Ma se non vi è bene senza male
Non vi sarà purezza senza sporcizia.

Ed eccoci al concludersi di un altro viaggio, caro lettore. Ci troviamo insieme alla fine, tu hai finito di leggere ed io ho finito di scrivere, due percorsi differenti per arrivare allo stesso traguardo. Di tanto in tanto sogno ad occhi aperti, sperando che questo libro vada a conquistare menti e cuori, e il sapere che tu lo hai letto alimenta questa mia speranza. La poesia non è morta, è più viva che mai dentro ognuno di noi, bisogna solo saper cogliere le parole. Grazie a te quindi, di aver colto le mie e magari di aver trovato ispirazione per comporre le tue.
Arrivederci,

Giulia

The End

Also from Giulia Bizzocchi: *Edges of an Elliptic Brain*

Casa Editrice (publishing house)
LO SCRIBA

Printed in Great Britain
by Amazon